障害児教育双書

学びを生活に生かす子どもの姿を求めて
－自立活動の視点を生かした4つのアプローチ－

小倉 靖範　監修

愛知教育大学附属特別支援学校　編著

ジアース教育新社

監 修 者 序

　愛知教育大学附属特別支援学校（以下，本校とします）における本実践は，2017（平成29）年4月の特別支援学校小学部・中学部学習指導要領の改訂を受け，その趣旨を踏まえて取り組んできたものです。

　本改訂においては，特別支援学校（知的障害）の各教科等の目標と内容が，小・中学校等と同じように「知識・技能」，「思考力・判断力・表現力等」，「学びに向かう力・人間性等」の3つの柱で整理されました。そして，学習する側の子どもの視点から「何ができるようになるのか」という観点で，新しい時代に必要となる資質・能力の育成と，学習評価の充実を図ることの重要性が示されました。

　また，小学校学習指導要領等の総則に，特別支援学級において実施する特別の教育課程について，「障害による学習上又は生活上の困難を克服し自立を図るため，（中略）自立活動を取り入れること。」の文言が新たに明記されました。それまで，特別支援学校独自の領域であった自立活動が，小学校学習指導要領等に明記されたということは，もはや自立活動に対する理解が，日本のすべての教員に求められていると言えます。

　このように，特別支援学校だけではなく，小・中学校等における特別支援教育を取り巻く状況が変化する中，本書は，1967（昭和42）年6月の開校以来の「ひとりひとりを生かす」という教育理念を大切にしつつ，「学びを生活に生かす」という教育の根幹をなす研究テーマで，その知見を蓄えてきました。

　2018（平成30）年3月に出された特別支援学校学習指導要領解説各教科等編（小学部・中学部）には，知的障害のある児童生徒の学習上の特性として，「学習によって得た知識や技能が断片的になりやすく，実際の生活の場で生かすことが難しいこと」や「成功経験が少ないことなどにより，主体的に活動に取り組む意欲が十分に育っていないこと」が挙げられています。だからこそ，まず，「その子らしさ」をとらえ，自立活動の視点や発達検査の結果等を踏まえて子どもの実態を整理したうえで，「学習を支える手だて」・「育てたい資質・能力に迫る手だて」・「学んだことをつなぐ評価」・「できた喜びを感じるしかけ」という4つのアプローチを通して，学びを生活に生かす子どもの育成をめざしてきました。

　しかしながら，真の意味で学びを生活に生かしたのかということは，一朝一夕に評価できるものではありません。そのため，本校で学んだ子どもたちの卒業後の姿や実社会の中での取り組みの様子を見ていく必要があります。

　これからも，多くの方々のご指導を仰ぎながら更に研究を深め，一人一人の子どもの教育的ニーズと社会変化や時代の要請に対応した教育を実現し，本校から特別支援教育における「令和の日本型学校教育」を全国に発信していきたいと思います。

　末筆になりましたが，本書の出版を快く引き受けてくださいましたジアース教育新社の加藤勝博社長，編集担当の市川千秋様には，衷心より感謝申し上げます。

令和6年11月
愛知教育大学特別支援教育講座　准教授
愛知教育大学インクルーシブ教育推進センター長
小 倉 靖 範

まえがき

満面の笑顔でハイタッチをするAさんとBさん。うれしくてCさんやDさんに駆け寄り，「頑張ったね。」と声をかけるBさん。担任と一緒になって飛び跳ね，喜びを全身で表現していました。そんな子どもたちと担任の姿を，授業を参観していた先生たちは，笑顔で見守っていました。相手に伝わりやすい話し方や伝え方を身につけようと取り組んだ小学部あおい学級，国語科の授業後の光景です。

本書を手に取っていただき，心より感謝申し上げます。わたしたちは，「学びを生活に生かす子どもの姿を求めて」を主題に掲げ，5年間の研究を積み重ねてまいりました。まず，日常のあらゆる場面で見せるその子らしさをとらえ，その子の強みとなる実態を自立活動の視点で整理します。その実態を根拠に，個別最適な4つのアプローチを講じ，各教科等で成功経験を積み重ねることで，学校での学びを生活に生かそうと自ら動き出す子どもの姿を追い求めてきました。

本校は，子どもたちの笑顔があふれる学校です。その笑顔のために，その子の強みが何なのか，その強みを伸ばすためにどのような支援が必要なのか，時間を忘れ議論をする先生たちがいます。「早く帰りんよ。」と言っても，その子の成長を願い，支援ツールや教室環境を何度も作り直す先生たちがいます。前述した姿は，素直な子どもたちと，一人一人を生かすための研究に取り組む先生たちが，日々の生活を大切にしてともに歩んでいるからこそ，表出したと考えます。家庭では，興味をもつことが増えてきて，新たなことをやってみようとするすてきな姿が増えていると聞いています。

本書を手に取っていただいた皆様に，笑顔で，生き生きと学校生活を送っている子どもたちの姿を読み取っていただくとともに，本研究に携わった先生方の実践と成果を，皆様の授業づくりの参考にしていただければ幸いに思います。

末筆になりますが，わたしたちの研究に対し，ていねいに御指導いただきました，本校の特別支援教育総合アドバイザー小倉靖範様，特別支援教育研究協議会の助言者として，熱く御指導いただきました愛知教育大学特別支援教育講座の皆様並びに諸先輩方，愛知県並びに市町村教育委員会の皆様に，心より御礼申し上げます。

　　　　　　　　　　　　　　　　　　　　　　令和6年11月
　　　　　　　　　　　　　　　　　　　愛知教育大学附属特別支援学校
　　　　　　　　　　　　　　　　　　　　校　長　　村　井　正　照

もくじ

監修者序	2
まえがき	3

第1章 学びを生活に生かす　　7

学びを生活に生かす子ども	8
学びを生活に生かすための4つのアプローチ	10
「その子らしさ」をとらえる	12
自立活動の視点（6区分27項目）を生かす	14
発達検査等を生かす	16
コラム ＜つるさし・いもほり・収穫祭＞＜運動会＞	17

第2章 4つのアプローチ　　19

アプローチ1	学習を支える手だて	20
アプローチ2	育てたい資質・能力に迫る手だて	22
アプローチ3	学んだことをつなぐ評価	24
アプローチ4	できた喜びを感じるしかけ	26
コラム ＜三重大学教育学部附属特別支援学校との交歓会＞＜ふよう美術展＞		28

第3章 実践例　　29

アプローチ1　学習を支える手だて

1 結果を視覚的にとらえやすくする	30
2 興味の高い色・形・材質の教具を用意する	32
3 活動時間内に取り組む課題を事前にすべて示す	34
4 友達とかかわって進める活動に協力要素を取り入れる	36

アプローチ2　育てたい資質・能力に迫る手だて

1 結果から得られるよさを伝える教師の演示	38
2 活動のよさを示すペープサート	40
3 違いを比較できる動画	42
4 始まりと終わりを明確にするピース	44
5 取り組む内容ごとに色分けされたチェックカード	46

6 視覚的に理解を促す動画	48
7 注目を促す動く印	50
8 結果を比較できる教師の演示	52

アプローチ3　学んだことをつなぐ評価

1 教師と一緒に結果を振り返りお気に入りのものを渡す	54
2 短いことばとハイタッチで即時に称賛する	56
3 注目できる高さで作品を見せてよさを伝える	58
4 自分の活動の様子をタブレットの映像で振り返る	60
5 着眼点を拡大して，活動時の動きが異なる本人の動画を見せる	62
6 活動の様子を動画で一緒に見た他者が称賛する	64

アプローチ4　できた喜びを感じるしかけ

1 たたく部位によって音色が大きく異なる自作楽器	66
2 コース上での児童とのおにごっこ	68
3 的がすべて倒れると光る看板	70
4 載せたものが自動で回転した後に音が鳴る台	72
5 好きなものが中から浮き上がる引き出し	74
6 出来栄えが視覚的にわかる枠	76
7 活動を終えるごとにシールを剥がして完成させるパネル	78
8 出来栄えを自分で確かめられるツール	80
コラム＜学芸会＞＜お楽しみ会＞	82

第4章　自ら動き出す子ども　　83

・ 自ら友達を誘って遊ぶようになった照希さん	84
・ 自ら人のために活動に取り組むようになったわかばさん	85
コラム＜なかよしタイム＞＜外食学習＞	86
コラム＜健康観察＞＜放課後・寄り道プロジェクト＞	87

あとがき　　89

研究同人

第1章
学びを生活に生かす

　わたしたちは，本校のすべての子どもたちに，豊かな生活を送ってほしいと願っています。そのためには，授業で資質・能力を身につける中で，成功経験を積み重ねることが大切であると考えました。

学びを生活に生かす子ども

　わたしたちは，学校や家庭，地域社会において，資質・能力を身につける中で積み重ねた成功経験によって自ら動き出す子どもを，「学びを生活に生かす子ども」と呼ぶことにしました。

照希さん　　　　　　　　　英志郎さん

単元内

【足の裏で台に上れるようになりました】

【入れ物の幅に合わせてたためるようになりました】

学びを生活に生かす

【自ら友達を誘って遊ぶようになりました】

【自ら家族のために手伝いをするようになりました】

> 子どもたちが学びを生活に生かそうと自ら動き出すことにつながる授業の作り方を紹介していくよ。

麗華さん　　　　　　　　わかばさん

【思いを伝えられるようになりました】

【製品を見本通りに仕上げられるようになりました】

【自らみんなの方を見て発表するようになりました】

【自ら人のために活動に取り組むようになりました】

学びを生活に生かすための4つのアプローチ

4つのアプローチとは，以下を指します。
① 「学習を支える手だて」　② 「育てたい資質・能力に迫る手だて」
③ 「学んだことをつなぐ評価」④ 「できた喜びを感じるしかけ」

それぞれが個別最適なものになるように，自立活動の視点（6区分27項目）や，発達検査等の結果を生かしてとらえたその子の強みとなる実態をもとに考えます。

アプローチ1	アプローチ2	アプローチ3
学習を支える手だて	育てたい資質・能力に迫る手だて	学んだことをつなぐ評価
⬇	⬇	⬇
自ら学習に向かう	**資質・能力を身につける**	**何ができるようになったのかを自覚す**
→ p.20, p.30~	→ p.22, p.38~	→ p.24, p.54~

自立活動の視点・発達検査等でとらえた強みとな

単元において，個別最適な４つのアプローチを講じることで，子どもたちは成功経験を得られるんだね。各教科等で成功経験を積み重ね，自分への自信を増した子どもたちは，学びを生活に生かそうと自ら動き出すよ。

　次は，４つのアプローチを考える根拠となる「その子らしさ」のとらえ方について紹介するよ。

| アプローチ４ きた喜びを感じるしかけ ⇒ きた喜びを自分で感じる → p.26, p.66~ | ４つのアプローチ によって ・充実感 ・達成感 ・自己有用感 ・一体感　等 様々な成功経験を積み重ねる | 学びを生活に生かそうと自ら動き出す子ども |

どもの実態
　　→ p.14

第１章
第２章
第３章
第４章

11

「その子らしさ」をとらえる

　子どもは，周りの環境によって様々な姿を見せます。その子を取り巻くあらゆる人・もの・ことへのかかわり方をつぶさに見つめ，その様子から，その子の好きなことや得意なこと，できること，思いなどをとらえます。

子どもが見せる「その子らしさ」

動物の絵をかくことが好き！
友達や先生の絵をかくことが大好き！
キャラクターの絵をかくことが大好き！

順番がわかると，自分でどんどんできるからうれしいな。

お店屋さんごっこがやりたいな！
衣装があるとその役になりきって頑張っちゃうよ。

「愛知教育大学附属特別支援学校．夢中になる子どもたち．明治図書，2019」

特定の一場面だけではなく，日常のあらゆる場面で見せる同じような姿をその子の実態としてとらえ，わたしたちは「その子らしさ」と呼んでいるよ。そして，「その子らしさ」の中から，その子の強みとなる実態をとらえるために，「自立活動の視点（6区分 27 項目）」で整理するよ。

「その子らしさ」をとらえるポイント

目線の動きや，動作の規則性など，ほんの小さな動きでも見逃さない

- 視線移動は，上下，左右，どちらが多いか
- 何かをするとき，規則性はあるか

好きなこと，得意なこと 夢中になっていることをとらえる

- 好きなこと，得意なこと，何度も取り組んでいることは何か

その子の思いをとらえる

- 行動から読み取ることができる「思い」は何か

子どもに働きかけ，到達度や達成度をとらえる

- 何を，どこまでできるか
- 人，もの，ことを変えるとどうか
- 何を手がかりにしているか

自立活動の視点（6区分27項目）を生かす

• •

　とらえた「その子らしさ」を，自立活動の視点（6区分27項目）で整理します。整理した後は，実態の達成度を考えます。いつでも姿として表出する実態をその子の強みとしてとらえ，4つのアプローチを考える根拠とします。

自立活動の視点（6区分27項目）で，実態を整理する

＜児童Aの実態＞

	健康の保持	心理的な安定	人間関係の形成
4つのアプローチに取り入れる		操作を伴う活動を好み，繰り返し取り組むことができる。（1）	相手に気持ちを同意されると，納得して活動を続けることができる。（2）
		役割を与えられると，進んで活動に取り組むことができる。（1）	友達と一緒に活動を進めることができる。（4）
自立活動の目標設定に取り入れる	病気やけがなどによる症状が進行しないように安静にしていることができる。（3）	勝敗やルール変更に対して，落ち着いて対応することができる。（2）	相手の意見を聞き入れて自分の行動を変えることができる。（2）
	予定が変わって不安なとき，先の予定を自分で聞くことができる。（4）	スケジュールや予想される事態を把握し，適切な行動をとることができる。（2）	自分の行動を見直し，やり直しをすることができる。（3）
	【達成度】 達成度を矢印で表す ・**小**↑…1〜　3／10回 ・**中**↑…4〜　7／10回 ・**大**↑…8〜10／10回	初めての活動にも取り組もうとする。（3）	

「自立活動の視点（6区分27項目）」という共通の指標をもとに複数人で整理することで，子どもを客観的にとらえることができるよ。

達成度の高い実態以外のものは，自立活動の目標設定に取り入れるよ。

← 「自立活動　目標設定の流れ」について
　　詳しくはこちらへ！

※（　　）内の数字は，各区分の項目を示す

環境の把握	身体の動き	コミュニケーション
絵や実物を見比べて，形や大きさの違いに気づくことができる。（5）		決まったやり取りをことばで伝えることができる。（2）
色や印を手がかりにして〜動することができる。（5）		相手の質問にことばで答えることができる。（3）
必要な情報を見るためにCT機器を使って写真を〜大することができる。（3）	指先を使った細かい作業ができる。（5）	わからないときに自分から相談することができる。（5）
	一定時間座位を保つことができ，作業を続けることができる。（5）	

15

発達検査等を生かす

　発達検査等の結果からもその子の強みとなる実態が見えてきます。自立活動の視点からとらえた実態と合わせることで，より的確にその子の実態をとらえることができます。

- 遠城寺式乳幼児分析的発達検査
- 新版K式発達検査
- 田中ビネー知能検査
- ウェクスラー式知能検査（WISC）　等

　このようにしてとらえたその子の強みとなる実態を根拠にして，4つのアプローチを考えます。

発達検査等の結果から，実態をとらえる

　保護者と連携し，検査結果を共有したり，担任等の職員が検査者やスクールカウンセラーから直接フィードバックを受けたりすることで，発達検査等の結果からもその子の強みとなる実態をとらえることができるよ。

【スクールカウンセラーによる検査結果のフィードバック】

コラム　ちょっと一息　附特のそよ風

＜つるさし・いもほり・収穫祭＞

　愛知教育大学附属岡崎小学校と隣接していることを生かし，附属岡崎小学校の子どもたちとの交流及び共同学習を行っています。本校の児童生徒と附属岡崎小学校の子どもたちとで4名程度の班を作り，5月にはサツマイモのつるさし，9月にはイモほり，10月には収穫祭を一緒に行っています。また，随時，水やりをしたり，雑草を抜いたりして，附属岡崎小学校の子ども

【附属小の子どもたちとのつるさし】

たちと協力して育てています。「収穫祭」では，サツマイモをアルミホイルで包み，焼きいもを作ります。附属岡崎小学校の子どもたちと一緒に焼きいもを食べるときには，たくさんの笑顔が見られます。交流及び共同学習を通して，一緒に活動する楽しさを味わうとともに，互いに尊重し合い，協働して生活していく態度を育んでいます。

＜運動会＞

　運動会では，各部ごとに行う演技と，全校で取り組む「全校リレー」，「玉入れ」を行っています。各部の演技では，小学部は鉄棒や平均台などの様々な教具を配置した競遊演技を，中学部はフラッグやパラバルーンなどを使ったリズム演技を，高等部は「組体操」と本校の伝統である「附養音頭」の演技を披露します。全校で取り組む「全校リレー」と「玉入れ」では，7～8人程度の異年齢のメンバーで構成された

【高等部の演技「附養音頭」】

「なかよし班」をもとに4つの組に分かれ，各組が1位をめざして協力する姿が見られます。運動会本番では，どの子も練習してきた成果を発揮し，笑顔で演技や競技に取り組む姿が見られます。仲間と一緒に取り組む活動を通して，子どもたちが仲間と協力する楽しさを感じられることをねらいとしています。

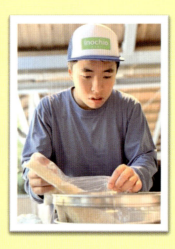

第2章 4つのアプローチ

　中学部職業・家庭科の授業で衣服を肩幅よりも内側でたたむことができるようになった英志郎さん。この授業をもとに4つのアプローチを紹介します。

単元名　「大人気　ふとく洋服店」

英志郎さんの学習活動
様々な大きさのギフトボックスに衣服をたたんで入れる。

英志郎さんに願う姿
ギフトボックスの幅に合わせて，衣服を肩幅よりも内側の位置で折る。

アプローチ1
学習を支える手だて

「学習を支える手だて」とは，子どもが自ら学習に向かうことをねらいとし，子どもがやりたくなったり、わかって動くことができたりするために講じる手だてです。日常の中でとらえたその子の興味・関心のあることやできることをもとに考えます。

子どもが自ら学習に向かうために・・・

自立活動の視点・発達検査等からとらえた実態

- 役になりきって劇を演じることを好む。
  【心理的な安定（1）】

- 相手の状況に合わせて会話をすることができる。　【コミュニケーション（5）】
・ 言語理解に優れている。

● 自立活動の視点　・発達検査等

学習を支える手だて

- 店員になりきって，お客さんとやり取りする活動の場を用意する。

役になりきって演じることを好む強みを「店員という役割」という形で，相手の状況に合わせて会話できる強みを「お客さんとのやり取り」という形で生かしているね。

それによって，英志郎さんは，自ら半袖シャツを取ってたたみ始める姿を見せたよ。

← 「学習を支える手だての作り方」について
詳しくはこちらへ！

店員役になりきり，自ら衣服をたたみ始めた英志郎さん

教室に入った英志郎さんは，「うわあ，洋服店みたいだね。」と言って笑顔になりました。教師が「みんなは洋服を売る店員です。英志郎さん，商品を並べるために，洋服をたたむ担当をお願いしますね。」と言うと，英志郎さんは，「はい，頑張ります。」と言いました。教師が「では，始めましょう。」と言うと，英志郎さんは，自らハンガーラックから半袖シャツを取ってたたみ始めました。

アプローチ2
育てたい資質・能力に迫る手だて

　「育てたい資質・能力に迫る手だて」とは，子どもが資質・能力を発揮することのよさを感じたり，日常の別場面でできていることを想起したりすることで，資質・能力を身につけたり，高めたりすることをねらう手だてです。子どもが単元はじめの資質・能力に関する姿を見せたときに講じます。

自ら学習活動に向かっている中で・・・

自立活動の視点や発達検査等からとらえた実態

- 1回ごとに見本を見たり触ったりすることで，安心して活動を進めることができる。　　　　　　　　　【心理的な安定（1）】

- 机に貼られたテープの幅に合わせて布巾を動かす範囲を変えることができる。
　　　　　　　　　　　　　　　【環境の把握（5）】
・視覚情報があると，行動に移しやすい。

● 自立活動の視点　・発達検査等

育てたい資質・能力に迫る手だて

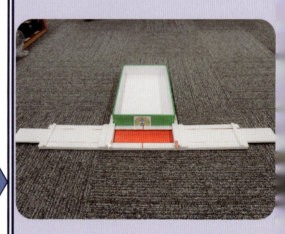

- ギフトボックスの端まで左右のつまみをスライドさせると，ボックスの幅分だけ赤色で示されるボードを用意する。

自分で操作することで安心して活動できる強みを「自分でつまみをスライドさせる」という形で，テープの幅に合わせて活動の範囲を変えられる強みを「幅が色で示される」という形で生かしているね。
　それによって，テープの幅に合わせて机を拭く活動を想起した英志郎さんは，半袖シャツを肩幅よりも内側で折ることができたんだね。

「育てたい資質・能力に迫る手だての作り方」について
← 詳しくはこちらへ！

衣服を肩幅より内側で折ることができた英志郎さん

　ギフトボックスの端まで左右のつまみをスライドさせた英志郎さんは，ボードが示す赤い部分を見て，半袖シャツの一方の袖を持ち，ボードの幅に合わせて肩幅より内側で折りました。再び，ボードが示す赤い部分を見た英志郎さんは，もう一方もボードの幅に合わせて肩幅より内側で折りました。最後に裾を持ち，首部分に合わせて身丈を半分に折りました。

アプローチ3
学んだことをつなぐ評価

　「学んだことをつなぐ評価」とは，子ども自身が何ができるようになったのかに気づくことで，身につけた資質・能力を単元内の人・もの・ことが変化した場面でも発揮できるようにつなげるための評価です。

資質・能力を発揮できたときには・・・

自立活動の視点や発達検査等からとらえた実態

- 大きさを比べて，別々の箱に入れることができる。　　　　　　【環境の把握（5）】
・ 視覚情報の処理を得意とする。

- 英志郎さんが話した気持ちを教師が復唱して同意すると，落ち着いて会話を続けることができる。　　　　　【心理的な安定（1）】

● 自立活動の視点　・発達検査等

学んだことをつなぐ評価

- 英志郎さんのたたんだ服がギフトボックスの幅に収まっている見本と，そうではない見本を並べて提示し，仕上がりについて英志郎さんが話したことばを使って称賛する。

大きさを比べられる強みを「異なる幅でたたまれた服が入ったギフトボックスを並べて提示する」という形で，気持ちを復唱してもらうと落ち着いて会話を続けられる強みを「英志郎さんの話したことばを使って称賛する」という形で生かしているね。
　それによって，英志郎さんは，半袖シャツを肩幅よりも内側で折って細くたためたことに気づき，長袖シャツに変わっても同様に肩幅より内側で折った姿につながったんだね。

← 「学んだことをつなぐ評価の作り方」について
　　詳しくはこちらへ！

できたことに気づき，長袖でも肩幅より内側で折った英志郎さん

　英志郎さんは，半袖シャツを肩幅より内側で折り，教師に見せました。教師が単元前半にたたんだものを並べて見せると，英志郎さんは，「こっちのほうが細くてきれいです。」と言いました。教師が「たしかに。肩幅よりも内側でたためたから細くてきれいですね。」と言うと，「はい。」と言って，笑顔になりました。そして，自席に戻ると，これまでとは異なる長袖シャツでも，肩幅より内側で折ってたたみました。

25

アプローチ4
できた喜びを感じるしかけ

「できた喜びを感じるしかけ」とは，身につけた資質・能力を子どもが発揮することで，その子の思いが満たされ，充実感，達成感，自己有用感，一体感等を得られることをねらいとするしかけです。子どもの強みとなる実態に加え，日常で見せる姿からとらえたその子の思いをもとに考えます。

資質・能力を発揮できたときには・・・

英志郎さんの思い　→　「ぴったり合わせたい」

自立活動の視点や発達検査等からとらえた実態

- 目標を視覚的に示されると，達成に向けて意欲的に取り組むことができる。
【環境の把握（5）】
・視覚情報があると，内容を理解しやすい。

- 自分で作ったものを並べて眺めることを好む。　　【心理的な安定（1）】

● 自立活動の視点　・発達検査等

できた喜びを感じるしかけ

- 衣服の種類ごとに決められた大きさのギフトボックスと，服を入れたギフトボックスを並べて置くことができる商品棚を用意する。

目標達成に向けて意欲を増す強みを「決められた大きさの入れ物」という形で，自分の作品を眺めて楽しむ強みを「並べて置く商品棚」という形で生かしているね。
　たたんだ衣服をギフトボックスに入れて並べることで「ぴったり合わせたい」という思いを満たし，達成感や一体感を得た英志郎さんは，更衣室で，体育着を自ら袋の幅に合わせてたたむ姿を見せたよ。

← 「できた喜びを感じるしかけの作り方」について
　　詳しくはこちらへ！

入れ物の幅に合わせてためた喜びを感じ，
　　更衣室でも袋の幅に合わせてたたんだ英志郎さん

　英志郎さんは，様々な大きさのギフトボックスの幅に合わせて，半袖や長袖のシャツを肩幅より内側で折ってたたみました。そして，ボックスの中にたたんだ服を入れるたびに「ぴったりだ。」と言って笑顔になりました。すべてのボックスを棚に並べて置いた後，棚を眺めて「完璧だ。」と言いました。
　単元後，帰る準備をするために更衣室へ向かった英志郎さんは，脱いだ体育着を，自ら袋の幅に合わせてたたみました。

コラム　ちょっと一息　附特のそよ風

＜三重大学教育学部附属特別支援学校との交歓会＞

　高等部は，昭和53年より三重大学教育学部附属特別支援学校と交流を行っています。各校が隔年で主催し，相手校を招待します。平成30年までは，ソフトボール親善試合を通して，生徒及び教職員の交流を深めてきました。令和元年からは，より多くの生徒がルールを理解し，活動に参加できるように，種目をフロートバレーに変更しました。当日はスポーツによる交流以外にも，昼食を一緒に食べたり，互いの学校で製作した作業製品を交換したりして交流をします。交歓会の最後には，記念写真を撮影します。1日を通して親睦を深めた両校の生徒たち一人一人の表情には，すてきな笑顔が見られます。

【フロートバレーによる交流】

＜ふよう美術展＞

　毎年1月下旬に，岡崎市美術館の展示室にて，「ふよう美術展」を開催しています。図画工作科や美術科の授業で制作した作品を展示するとともに，見に来てくださる保護者や地域の方，卒業生の皆さんとの交流の場にもなっています。

　小学部の児童が制作する「等身大の絵」をはじめ，できることを発揮して仕上げられた作品には，その子らしさが表れています。会期中は，本校の子どもたちも見学に行き，互いの作品をじっくりと見る機会を設けています。来場者の方から温かなコメントをいただくことも多く，子どもたちが達成感や充実感を感じる機会となっています。

【友達の作品を鑑賞する】

第3章 実践例

　自立活動の視点（6区分27項目）や発達検査等の結果からとらえた子どもの強みとなる実態をもとに考えた4つのアプローチの具体例を紹介します。

①　学習を支える手だて　　　　　　　・・・・・・・・・・　30
②　育てたい資質・能力に迫る手だて・・・・・・・・・・・　38
③　学んだことをつなぐ評価　　　　　・・・・・・・・・・　54
④　できた喜びを感じるしかけ　　　　・・・・・・・・・・　66

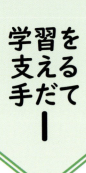

学習を支える手だて1

結果を視覚的にとらえやすくする

ねらい

★ 得点獲得型ゲームに進んで取り組むことができる。(体育)

STEP1　日常で見せる子どもの姿をとらえる

STEP2　自立活動の視点・生かす

- 数字に興味があり，数の大小を比較する遊びを好む。
- 魚釣りゲームで，得点の異なる魚が同じ条件で置かれるのを見て，点数の高い魚を釣ろうとする。

1 健康の保持

2 心理的な安定

3 人間関係の形成

- 順番やルールを理解して活動に参加することができる。
【人間関係の形成（4）】

- 完成写真を見て，積み木で同じ形を作ることができる。
- 活動時間を事前に示しておくと，時間を意識して活動を行うことができる。

4 環境の把握

- 活動内容や活動量，達成度などが目に見えると，最後まで活動を進めることができる。
【環境の把握（5）】

5 身体の動き

6 コミュニケーション

活動内容や達成度がわかれば動き出せる強みを生かすことにしたよ。

発達検査等を 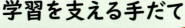 STEP3　学習を支える手だてを考える

学習を支える手だて

・ 同時処理を得意とする。

・ 視覚情報があると，活動を理解しやすくなる。

● 前時までの獲得点数をランキング形式にしたボードを，活動場所から一目でわかる位置に掲示する。

実践事例　得点獲得型ゲームに進んで取り組んだ智一さん

　智一さんは，[60]と書かれた前時までのランキング１位のカードをボードから外しました。[60]のカードを教師に見せた智一さんは，「きょうは 80 てんとる。」と言いました。教師が「たくさんボールが入るといいですね。」と言うと，智一さんは，「はやくやろう。」と言って，スタートの合図を待ちました。

学習を支える手だて 2

興味の高い色・形・材質の教具を用意する

ねらい
★ 同じ形を重ねて片付ける活動に進んで取り組むことができる。
（数学）

STEP1　日常で見せる子どもの姿をとらえる	STEP2　自立活動の視点・生かす

- 触り心地を楽しみ，繰り返し活動に取り組むことができる。
- プラスチック容器等の硬い材質を好み，最後まで取り組むことができる。

1 健康の保持

2 心理的な安定
- 好きなもの，好きなことがあると，授業に参加することができる。
【心理的な安定（1）】

3 人間関係の形成

4 環境の把握
- 形や大きさがわかる。
【環境の把握（1）】
- いろいろなものを触って感触の違いがわかる。
【環境の把握（1）】

- 枠付きの箱にちょうど収まる容器を入れることができる。
- お椀や皿を同じ大きさのもの同士で重ねることができる。

5 身体の動き

6 コミュニケーション

32

好みの材質や感覚を得られるものがあると動き出せる強みを生かすことにしたよ。

STEP3　学習を支える手だてを考える

学習を支える手だて

● プラスチック製のお椀や皿を用意しておく。

- 視覚情報や好みの感覚刺激があると，行動に移しやすい。

実践事例　お椀を重ねて片付ける活動に進んで取り組んだ永悟さん

教師が「使ったものを片付けますよ。」と言って，使い終わったプラスチック製の同じ形のお椀を2つ並べて差し出すと，永悟さんは，一方のお椀を持ち，もう一方のお椀に重ねて笑顔になりました。同じお椀がばらばらになって入った籠を見た永悟さんは，籠を目の前に自ら引き寄せ，お椀を手に取って1つずつ重ねて片付け始めました。

学習を支える手だて3

活動時間内に取り組む課題を事前にすべて示す

ねらい

★ 時間を求める活動に進んで取り組むことができる。(数学)

STEP1 日常で見せる子どもの姿をとらえる	STEP2 自立活動の視点・生かす

- 教師と決めた枚数だけ置かれた漢字プリントに，自ら取り組むことができる。
- 作る量だけ器に入った材料を見て，マグネット作りに自ら取り組むことができる。

1 健康の保持

2 心理的な安定
- 活動内容や活動量を把握し，落ち着いて活動に取り組むことができる。
【心理的な安定（2）】

3 人間関係の形成

4 環境の把握
- 全体像がわかる手本を見て，同じように活動することができる。
【環境の把握（5）】

- 完成写真を見て，必要なブロックを選んで同じ形を作ることができる。
- クラフトテープを互い違いに編んでできたコースターを見て，同じ編み方ができる。

5 身体の動き

6 コミュニケーション

活動内容や活動量がわかれば動き出せる強みを生かすことにしたよ。

発達検査等を

STEP3　学習を支える手だてを考える

学習を支える手だて

・視覚情報があると、行動に移しやすい。

・同時処理を得意とする。

● 本時に解く問題を、教室の前面にすべて貼っておく。

実践事例　時間を求める活動に進んで取り組んだ健一さん

　教師が「ここに貼られている問題が、健一さんの今日やることです。」と言うと、健一さんは、教室の前面に貼られた問題ボードを見て「1, 2, 3, …, 12。12枚だ。」と数えました。自ら問題ボードを取り、自席に戻った健一さんは、時間を求め始めました。

学習を支える手だて 4

友達とかかわって進める活動に協力要素を取り入れる

ねらい

★ ことばで伝え合う活動に進んで取り組むことができる。（国語）

STEP1　日常で見せる子どもの姿をとらえる	STEP2　自立活動の視点・生かす

- 班対抗の玉入れで，時間いっぱいまで繰り返し球を投げる。
- ボッチャで，自分が投げた後に，同じチームの仲間を最後まで応援することができる。

1　健康の保持

2　心理的な安定
- 好きなもの，好きなことがあると，より意欲的に活動に参加することができる。
【心理的な安定（1）】

3　人間関係の形成
- ルールを理解し，友達と協力して活動することができる。
【人間関係の形成（4）】

- 的当てゲームで，同じチームの仲間と相談して，ねらう的を決めることができる。
- 友達が活動する様子を見てやり方を理解すると，次に自分もやりたいと手を挙げる。

4　環境の把握

5　身体の動き

6　コミュニケーション

友達とかかわる活動を好むという強みを生かすことにしたよ。

STEP3　学習を支える手だてを考える

学習を支える手だて

- 視覚情報があると、活動を理解しやすい。

● 友達と協力して相手チームと得点を競う活動を設定し、掲示する。

実践事例　ことばで伝え合う活動に進んで取り組んだ和道さん

教師が「チームで協力してたくさん点数を取りましょう。どのチームが1番になるかな。」と言うと、和道さんは、「今日も1番になる。」と言いました。そして、「僕が最初に出題します。」と言って出題者の席に座ると、問題カードを見て、すぐにチームの友達に出題を始めました。友達が正解すると、和道さんは、得点板を指差して「4点入った。」と言い、笑顔になりました。

育てたい資質・能力に迫る手だて 1

結果から得られるよさを伝える教師の演示

ねらい

★ 打面の中心をたたくことができる。（音楽）

STEP1　日常で見せる子どもの姿をとらえる

STEP2　自立活動の視点・生かす

- 友達のやり方を見て，同じようにドットシールで装飾することができる。
- 教師が右手を挙げるのを見て，同じように右手を挙げることができる。

- カラーテープが貼られた枠を見て，枠内に荷物を置くことができる。
- 的の中心に付いている赤色の丸い印をねらってボールを投げることができる。

1　健康の保持

2　心理の安定

3　人間関係の形成

4　環境の把握

- 教師や友達の活動する様子を見てまねすることができる。
【環境の把握（4）】
- 色を手がかりにして行動することができる。
【環境の把握（5）】

5　身体の動き

6　コミュニケーション

色や教師，友達の動きを手がかりに活動を進められる強みを生かすことにしたよ。

発達検査等を　　　STEP3　育てたい資質・能力に迫る手だてを考える

育てたい資質・能力に迫る手だて

- 視覚情報があると，行動に移しやすい。

- 色などの視覚情報を処理することを得意とする。

● 教師が太鼓の中心に貼られた赤い円をたたいて大きい音を鳴らす姿を見せる。

実践事例　バスドラムの打面の中心をたたいた太一さん

太一さんは，教師が隣でバスドラムの打面の中心に貼られた赤い円をマレットでたたき，それまでよりも大きい音を鳴らすのを見ました。自分の前にあるバスドラムの打面の中心に貼られた赤い円を見た太一さんは，マレットを赤い円に添えました。その後，マレットを体の右側に大きく引いて赤い円に当たるようにバスドラムを1回たたきました。

育てたい資質・能力に迫る手だて 2

活動のよさを示すペープサート

ねらい
★ 教師に欲しいものの写真を持っていくことができる。
(自立活動)

STEP1　日常で見せる子どもの姿をとらえる	STEP2　自立活動の視点・生かす

- 笑顔を見せている教師に自ら近づき，手を握ろうとする。
- 友達が笑顔で遊んでいるところに近寄っていくことができる。

1 健康の保持

2 心理的な安定

3 人間関係の形成
- なじみのある相手の笑顔を見て自らかかわろうとする。
【人間関係の形成（1）】

4 環境の把握
- 教師や友達の動きを見て，まねすることができる。
【環境の把握（4）】

- 横断歩道で，教師が手を上げると，同じように手を上げて渡ることができる。
- 友達が投げたボールを，同じように投げ返すことができる。

5 身体の動き

6 コミュニケーション

視覚的な手がかりをもとに行動できる強みを生かすことにしたよ。

発達検査等を ▶ STEP3　育てたい資質・能力に迫る手だてを考える

育てたい資質・能力に迫る手だて

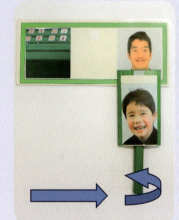

- 暢成さんの顔写真のペープサートを，取ってくる場所の写真が貼られた位置に置く。そこから教師の顔写真の位置へと移動させた後，ペープサートを裏返し，笑顔の暢成さんの写真を見せる。

・視覚情報があると，行動に移しやすい。

実践事例　教師に欲しいものの写真を持っていくことができた暢成さん

　教師の近くで手を2回合わせて何かを要求する身振りをした暢成さんは，自分の顔写真のペープサートが，取ってくる場所の写真の位置から教師の顔写真の位置まで移動し，笑顔の写真に変わったのを見て，自ら写真が貼ってあるボードに向かいました。欲しいものの写真を手に取った暢成さんは，教師のところまで行って，写真を手渡しました。

41

育てたい資質・能力に迫る手だて 3

違いを比較できる動画

> **ねらい**
> ★ 材料の接着部分だけに接着剤を付けることができる。
> （図画工作）

STEP1　日常で見せる子どもの姿をとらえる

- 完成写真を見て，似た作品を選ぶことができる。
- 自分が納得いくまで何度も作り直し，見本の作品に近づけようとする。

- 色鉛筆で塗った輪郭からはみ出した部分を消しゴムで消すことができる。
- 輪郭の大きさに合わせて，筆に付ける絵の具の量を変えることができる。

STEP2　自立活動の視点・生かす

1 健康の保持

2 心理的な安定

3 人間関係の形成

4 環境の把握

- 実物や写真を見て同じように活動することができる。
【環境の把握（4）】
- 形や色，大きさの違いに気づくことができる。
【環境の把握（5）】

5 身体の動き

6 コミュニケーション

> 具体物を見比べることができる強みを生かすことにしたよ。

発達検査等を → **STEP3　育てたい資質・能力に迫る手だてを考える**

育てたい資質・能力に迫る手だて

- 接着剤を適量使い，材料からはみ出さずに塗っている動画と，そうでない動画を提示する。

視覚情報があると，行動に移しやすい。

実践事例　材料の接着部分だけに接着剤を付けた知絵里さん

　ボンドの名人さんが，接着剤を材料からはみ出さないように塗って，材料同士を接着させ，「きれいなケーキができました。」と言っている動画を見た知絵里さんは，「わたしもやる。」と言いました。ボンドの名人さんと同じように「ちょん。ちょん。」と言って，丸めた花紙に，接着剤を直径1cm程度付けました。そして，その上にデコレーションボールを1つずつ載せて指で押し，「チーズケーキ。」と言って，作品を棚に置きました。

43

育てたい資質・能力に迫る手だて4

始まりと終わりを明確にするピース

ねらい

★ 5とびで時間を求めることができる。(数学)

STEP1　日常で見せる子どもの姿をとらえる

- パズルの枠線を見て，当てはまるピースを選ぶことができる。
- たたんだ後の服の大きさごとに，仕分けて置くことができる。

- 厚さの異なる本を触って，厚い方を選ぶことができる。
- 粘土でできた見本の図形を触って，同じような図形を作ることができる。

STEP2　自立活動の視点・生かす

1 健康の保持

2 心理的な安定

3 人間関係の形成

4 環境の把握

- 形が同じ図形を重ねたり，並べたりして比べて，大きさの違いに気づくことができる。
【環境の把握（5）】

- 具体物を操作することで，課題を理解して進めることができる。
【環境の把握（5）】

5 身体の動き

6 コミュニケーション

形が同じ図形を比べて大きさの違いに気づくことができる強みを生かすことにしたよ。

発達検査等を ▶ STEP3　育てたい資質・能力に迫る手だてを考える

育てたい資質・能力に迫る手だて

- 知覚推理を得意とする。

- 視覚的な手がかりがあると、活動を理解しやすい。

● それぞれの時刻を指す長針と文字盤の間に貼る［1］,［2］,［3］,［4］と書かれた，中心角が6度，12度，18度，24度の扇形のピースを用意する。

実践事例

5とびで数えた後に端数を足して時間を求めた久史さん

　時間を求める依頼を受けた久史さんは，アナログ時計の長針を依頼カードの［6:53］,［7:14］に合わせ，長針と文字盤［11］の間に［2］,そして長針と文字盤［3］の間に［4］と書かれたおうぎ形を貼りました。文字盤の［11］に指を置き，［2］まで5とびで数えた後，端数の［2］と［4］を数え足しました。

45

育てたい資質・能力に迫る手だて 5

取り組む内容ごとに色分けされたチェックカード

ねらい
★ 同じ具材ごとにトッピングすることができる。（職業・家庭）

STEP1　日常で見せる子どもの姿をとらえる　　**STEP2　自立活動の視点・生かす**

- 様々な色の立方体を使って見本と同じ形にしたり，同じ色の配置にしたりすることができる。
- 見本を見て，絵の具に水を足して同じ色にすることができる。

- 登校後にやることが書かれた手順表に従って朝の支度を進めることができる。
- 作業学習で，給食で使用する白衣に手順通りにアイロンがけすることができる。

1　健康の保持

2　心理的な安定

3　人間関係の形成

4　環境の把握

- 色を手がかりにして，行動することができる。
【環境の把握（5）】
- スケジュール表や手順表で，自分で活動を進めることができる。
【環境の把握（5）】

5　身体の動き

6　コミュニケーション

色分けされたチェック表を手がかりに活動を進められる強みを生かすことにしたよ。

発達検査等を

STEP3　育てたい資質・能力に迫る手だてを考える

育てたい資質・能力に迫る手だて

- 視覚情報を処理することを得意とする。

- 継次処理を得意とする。

● ピザにトッピングする具材ごとに色分けし，載せ終えた具材を折り返すことができるメニューカードを用意する。

実践事例　同じ具材ごとにトッピングした僚人さん

　具材ごとに色分けされたメニューカードを指差した僚人さんは，「まず，ピーマンだね。」と言い，ピザ生地2枚にピーマンをトッピングしました。載せ終わったピーマンのメニューカードを折り返し，「次のコーンは3枚ともだね。」と言って，コーンを3枚のピザ生地にトッピングしました。残りの具材も同様に具材ごとにトッピングして，3枚のピザを仕上げました。

47

育てたい資質・能力に迫る手だて 6

視覚的に理解を促す動画

ねらい

★ 休符の部分でも拍に合わせて体を動かすことができる。（音楽）

STEP1　日常で見せる子どもの姿をとらえる ▶ **STEP2　自立活動の視点・生かす**

- 時計の文字盤に付けられたキャラクターを見て、活動を始めたり終えたりできる。
- 楽譜と鍵盤に付けられた同じキャラクターを見て、旋律を演奏できる。

1　健康の保持

2　心理的な安定
- 好きなキャラクターやイラストがあると、より意欲的に活動に参加することができる。
【心理的な安定（1）】

3　人間関係の形成

4　環境の把握
- 教師の活動する様子を見て、直後に動きをまねすることができる。
【環境の把握（4）】

- 前にいる教師の動きを見て、ダンスの振り付けをまねすることができる。
- 美術の作品の作り方を動画で見て、自分で制作を進めることができる。

5　身体の動き

6　コミュニケーション

イラストを手がかりにして行動できる強みを生かすことにしたよ。

発達検査等を | STEP3　育てたい資質・能力に迫る手だてを考える

育てたい資質・能力に迫る手だて

● 音符を表すキャラクターや休符を表すイラストが，曲の拍に合わせて1つずつ上に跳ねる動画を提示する。

・視覚情報の処理を得意とする。

実践事例　休符の部分でも体を動かすことができた由希さん

モニターに映った動画で，音符を表すキャラクターが4つ，左から順に上に跳ねるのを見た由希さんは，太鼓を4回打ちました。続けて，休符を表す顔文字のイラストが4つ，左から順に上に跳ねるのを見て，動きに合わせてばちを持った手を左右に4回振りました。別の曲でも動画を見て，繰り返し太鼓を打ったり，手を左右に振ったりしました。

育てたい資質・能力に迫る手だて 7

注目を促す動く印

> **ねらい**
> ★ 示された具体物を取ることができる。（国語）

STEP1　日常で見せる子どもの姿をとらえる	STEP2　自立活動の視点・生かす

- 乗り物に乗って動く友達を見て，後について行くことができる。
- 動くおもちゃを見て，そのおもちゃを目で追うことができる。

- 赤色の画用紙の上に赤色のマグネットを貼ることができる。
- 橙色のカラーテープで貼られた枠を見て，枠の中に靴を入れることができる。

- 1　健康の保持
- 2　心理的な安定
- 3　人間関係の形成
- **4　環境の把握**
  - 動くものを見て，追視することができる。
    【環境の把握（1）】
  - 色を手がかりにして行動することができる。
    【環境の把握（5）】
- 5　身体の動き
- 6　コミュニケーション

視覚的な手がかりをもとに行動できる強みを生かすことにしたよ。

発達検査等を ＞ STEP3　育てたい資質・能力に迫る手だてを考える

育てたい資質・能力に迫る手だて

・視覚的な手がかりがあると、活動を理解しやすい。

● 明生さんが2つの具体物が置かれている台の前に移動したタイミングで、一方の具体物を示している矢印を上下に動かす。

実践事例　矢印の向いているペットボトルを取ることができた明生さん

教師が台の左側にペットボトル、右側にタオルを置き、「明生さん、矢印が向いているものを取ってください。」と言うと、明生さんは、台の前まで行きました。教師がペットボトルの上にある矢印を上下に動かすと、明生さんは、動いている矢印をじっと見ました。そして、矢印の向いているペットボトルだけを取りました。

育てたい資質・能力に迫る手だて 8

結果を比較できる教師の演示

ねらい
★ 棒を斜めに傾けてつなぎ目に当てることができる。（作業学習）

STEP1　日常で見せる子どもの姿をとらえる ▶ **STEP2　自立活動の視点・生かす**

- ボールを投げている自分の動画と手本の動画を順に見て、違いに気づくことができる。
- 間違い探しの問題で、すぐに2つの絵の違いを見つけることができる。

- 文章題で、赤線が引かれた数字やことばに着目して問題を解くことができる。
- 教師が丸で囲んだ塗り絵の白い部分に着目して隅々まで色を塗ることができる。

1　健康の保持

2　心理的な安定

3　人間関係の形成

4　環境の把握
- 異なる2つのものや動きを見比べて、違いに気づくことができる。
【環境の把握（5）】
- 色や印を手がかりにして行動することができる。
【環境の把握（5）】

5　身体の動き

6　コミュニケーション

比較して違いに気づくことができる強みを生かすことにしたよ。

発達検査等を ▶ STEP3　育てたい資質・能力に迫る手だてを考える

育てたい資質・能力に迫る手だて

- 視覚情報の処理を得意とする。

● 透明なL字状のシートの角に，赤のインクを付けた棒を立てて動かして一部だけインクが付いている様子と，棒を傾けて動かして角まで付いている様子を見せる。

実践事例　製品の縦のつなぎ目に棒を傾けて当てることができたわかばさん

わかばさんは，教師が用意した2本のL字のPPシートに赤のインクを付けてなめし革を巻いた棒を立てて当てている様子と，もう片方のPPシートに棒を傾けて隙間なく先端を当てている様子を見て，「傾けた方がいい。」とつぶやきました。その後，なめし革を巻いた棒を手に取り，縦のつなぎ目の部分に対して，棒をそれまでよりも傾けて当てました。

学んだことをつなぐ評価 1

教師と一緒に結果を振り返りお気に入りのものを渡す

> **ねらい**
> ★ 時間に合った計画を立てられたことに気づくことができる。
> （自立活動）

STEP1　日常で見せる子どもの姿をとらえる ▶ **STEP2　自立活動の視点・生かす**

- 教師からの依頼を受けて，手伝いをすることができる。
- 教師からの励ましやアドバイスを受け入れて活動に取り組むことができる。

1　健康の保持

2　心理的な安定

3　人間関係の形成
- 教師の意見を聞いて行動したり，行動を変更したりすることができる。
　【人間関係の形成（2）】

4　環境の把握
- 2つのものを見比べて，違いに気づくことができる。
　【環境の把握（2）】

- たくさんの電車の写真を見て，それぞれの違いに気づくことができる。
- 計算の答えと模範解答を見比べて，丸を付けることができる。

5　身体の動き

6　コミュニケーション

2つの物を見比べて違いに気づくことができる強みを生かすことにしたよ。

発達検査等を

STEP3　学んだことをつなぐ評価を考える

学んだことをつなぐ評価

● 実際に行った回数と計画した回数が同じだったことを泰生さんと一緒に確認し、キャラクターカードを渡す。

・視覚情報があると、行動に移しやすい。

実践事例　時間に合った計画を立てられたことに気づいた泰生さん

　計画ボードに遊びのパネルを選んで貼った泰生さんは、その横に[20]と書きました。遊びを終えて、教師からペンを受け取ると、実際に行った回数[20]を書き込んだ後、はじめに書いた[20]を指差し、「よし、ちょうどだね。ぴったり。」と言いました。そして、教師から好きなキャラクターのカードを受け取ると、計画ボードにカードを貼り、カードを見てにっこりしました。次の遊びのパネルを選んだ泰生さんは、時間に合った計画を立てました。

学んだことをつなぐ評価 2

短いことばとハイタッチで即時に称賛する

ねらい

★ 粘土に色水を混ぜられたことに気づくことができる。（図画工作）

STEP1　日常で見せる子どもの姿をとらえる

STEP2　自立活動の視点・生かす

- 教師の手を取り，一緒に手を振ったり，ハイタッチしたりして遊ぶことができる。
- 課題を終えた後，自分から手を差し出し，ハイタッチを要求することができる。

- 教師が拍手をして認めると，にっこりして次の課題を手に取ることができる。
- プリントに花丸をかいて認めると，すぐに次のプリントを要求することができる。

1　健康の保持

2　心理的な安定

3　人間関係の形成

- 身体動作を用いて教師とやり取りすることができる。【人間関係の形成（1）】
- 教師からの称賛を感じ取り，活動に取り組むことができる。【人間関係の形成（2）】

4　環境の把握

5　身体の動き

6　コミュニケーション

身体動作を用いてやり取りができる強みを生かすことにしたよ。

発達検査等を

STEP3　学んだことをつなぐ評価を考える

学んだことをつなぐ評価

- 身体動作を加えて伝えると，成果を理解しやすい。

- 即時に認められると，すぐに行動に移しやすい。

● 粘土に色が付いたところで，「色水混ぜたんだね。」と言って，ハイタッチする。

実践事例　粘土に色水を混ぜられたことに気づいた栄子さん

粘土に赤い色水を混ぜ合わせた栄子さんは，「できました。」と言って，教師にその粘土を見せました。教師が「赤い水，混ぜたんだね。」と言い，右手を差し出すと，栄子さんは，ハイタッチをしてにっこりしました。自席に戻った栄子さんは，青い色水が入った容器を手に取り，粘土と混ぜ合わせました。

学んだことをつなぐ評価 3

注目できる高さで作品を見せてよさを伝える

ねらい
★ 材料を押し込んで飾り付けられたことに気づくことができる。
（図画工作）

STEP1 日常で見せる子どもの姿をとらえる	STEP2 自立活動の視点・生かす

- 相手が喜んでいる姿を見ると、一緒に喜ぶことができる。
- 動画に映った人物の表情から感情を読み取ることができる。

1 健康の保持

2 心理的な安定

3 人間関係の形成
- 相手の表情から、相手の感情がわかる。
【人間関係の形成（2）】

- 顔の高さにあるタブレットの映像を注視することができる。
- 教師が目線の高さで顔を合わせると、自分からあいさつをすることができる。

4 環境の把握
- 目線の高さの具体物や人を注視することができる。
【環境の把握（1）】

5 身体の動き

6 コミュニケーション

目線の高さの物や人を注視できる強みを生かすことにしたよ。

達検査等を

STEP3　学んだことをつなぐ評価を考える

学んだことをつなぐ評価

- 視覚情報があると、内容を理解しやすい。

● 材料を押し込んで飾り付けた作品を目線の高さで見せた後、笑顔で「飾りが落ちませんね。」と言う。

実践事例　材料を押し込んで飾り付けできたことに気づいた蓮也さん

蓮也さんは、粘土に材料を押し込んで作った作品を教師のところまで運び、「せんせい、どうぞ。」と言って手渡しました。教師が蓮也さんの目線の高さで作品から材料が落ちない様子を見せ、笑顔で「飾りが落ちませんね。」と言うと、蓮也さんは、笑顔になりました。「もっとギューするよ。」と言って自席に戻った蓮也さんは、新しい材料でも、粘土に押し込みました。

学んだことをつなぐ評価 4

自分の活動の様子をタブレットの映像で振り返る

ねらい
★ 登場人物によって声色を変えられたことに気づくことができる。
（国語）

STEP1　日常で見せる子どもの姿をとらえる	STEP2　自立活動の視点・生かす

- 運動会の演技を振り返り，「腕を高く上げられた。」と言うことができる。
- 水族館で好きな魚を見つけられたことを振り返りシートに書くことができる。

1　健康の保持

2　心理的な安定

3　人間関係の形成
- 活動を振り返り，よかった点を見つけることができる。
【人間関係の形成（3）】

4　環境の把握
- 動画を注視することができる。
【環境の把握（1）】

- 運動会で踊っている動画を見て，自分を見つけることができる。
- タブレットに映る人物が話したり，踊ったりしているのを注視することができる。

5　身体の動き

6　コミュニケーション

活動のよかった点を動画から見つけられる強みを生かすことにしたよ。

STEP3　学んだことをつなぐ評価を考える

学んだことをつなぐ評価

● 声色を変えてせりふを読んだ登場人物の下に，読んでいる本人の動画のワイプを入れた映像を見せる。

- 視覚情報があると，内容を理解しやすい。

実践事例　登場人物ごとに声色を変えてせりふを読めたことに気づいたいづみさん

台本にあるA先生（女性）のせりふを高い声で，B先生（男性）のせりふを低い声で読んだいづみさんは，教師が提示した登場人物の写真とその下にいづみさんが読んでいる動画のワイプが映った映像を見て，「B先生，低く読みました。」と言いました。いづみさんは，別の台本でも，男女の登場人物ごとに声色を変えてせりふを読みました。

学んだことをつなぐ評価 5

着眼点を拡大して，活動時の動きが異なる本人の動画を見せる

ねらい
★ 口型を大きく明瞭に話せたことに気づくことができる。
（自立活動）

STEP1　日常で見せる子どもの姿をとらえる	STEP2　自立活動の視点・生かす

- 2つのイラストを見て，間違いを見つけることができる。
- ボール投げをしている2つの動画を順に見て投げ方の違いに気づくことができる。

- 果物を拡大した写真の一部を見て，どの果物かわかる。
- 動物の目を拡大した複数の写真を見て，猫を選ぶことができる。

1　健康の保持

2　心理的な安定

3　人間関係の形成

4　環境の把握

- 異なる2つの映像を見比べて違いに気づくことができる。
【環境の把握（5）】
- 拡大した箇所に着目することができる。
【環境の把握（5）】

5　身体の動き

6　コミュニケーション

複数のものを比較して違いに気づくことができるという強みを生かすことにしたよ。

STEP3　学んだことをつなぐ評価を考える

学んだことをつなぐ評価

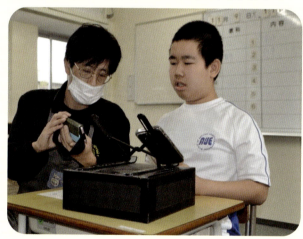

- 視覚情報があると，内容を理解しやすい。

● 単元前半と本時それぞれの発声時の口の大きさが異なる動画を，口元部分を拡大して順に見せる。

実践事例　　口型を大きく明瞭に話せたことに気づいた恭二さん

　店長役の教師の正面に立った恭二さんは，口を大きく動かして，欲しいＤＶＤのタイトルを言いました。教師が単元前半に口元の動きを撮影した動画とこのとき撮影した動画を，それぞれ口元部分を拡大して見せ，「どちらの方が口が大きいですか。」と言うと，恭二さんは，このとき撮影した動画を指差し，「今日が大きい。」と言って笑顔になりました。次に欲しいＤＶＤを見つけた恭二さんは，再び口を大きく動かして言いました。

63

学んだことをつなぐ評価 6

活動の様子を動画で一緒に見た他者が称賛する

ねらい
★ 左足を踏み込んでからボールを投げられたことに気づくことができる。（保健体育）

STEP1　日常で見せる子どもの姿をとらえる

STEP2　自立活動の視点・生かす

- カレー作りの手順を同じグループの友達に自分から聞くことができる。
- ボールを蹴る位置を同じチームの友達に聞くことができる。

1 健康の保持

2 心理的な安定

3 人間関係の形成
- なじみのある友達に自らかかわろうとする。
【人間関係の形成（1）】

4 環境の把握
- 動画を見て，自分の活動のよかった点や改善点を見つけることができる。
【環境の把握（5）】

- 自分が歌う動画を見て，曲の盛り上がりで口の大きさを変えたことがわかる。
- 自分のスピーチ動画を見て，下を向いている姿を改善点として見つけることができる。

5 身体の動き

6 コミュニケーション

友達とのやり取りを通して理解を深めることができる強みを生かすことにしたよ。

*達検査等を

STEP3　学んだことをつなぐ評価を考える

学んだことをつなぐ評価

- 磨弓さんがボールを投げた動画を友達と見て、友達が「左足を踏み込んでいたね。」と感想を伝える。

・視覚的な手がかりがあると、課題をより理解しやすい。

実践事例　　左足を踏み込んでからボールを投げたことに気づいた磨弓さん

投げる様子を動画で見た後で教師が「陸さん、磨弓さんの投げ方はどうでしたか。」と聞くと、「左足を踏み込んでから、手を前に出してボールを投げていたね。」と話しました。陸さんの感想を聞いた磨弓さんは、「やっぱりできていたよね。」と言って笑顔になりました。磨弓さんは、より遠くに置かれた的を倒そうと、何度も左足を踏み込んでからボールを投げました。

できた喜びを感じるしかけ1

たたく部位によって音色が大きく異なる自作楽器

ねらい

★ 様々な音を鳴らせた喜びを感じることができる。（音楽）

STEP1 日常で見せる子どもの姿をとらえる	STEP2 自立活動の視点・生かす

照希さんの思い → 「様々な音を鳴らしたい」

- 教師がイラストをプリントにかくと，そのプリントに笑顔で取り組むことができる。
- 教師が作成した好きなキャラクターの顔になるパズルに笑顔で取り組むことができる。

- キーボードの音色を変えるボタンを押して，様々な音色を鳴らすことができる。
- 音楽室に設置されている様々な打楽器を順にばちでたたくことができる。

1 健康の保持

2 心理的な安定
- 教師が好きなものを特別に用意すると，授業に楽しく参加することができる。
【心理的な安定（1）】

3 人間関係の形成

4 環境の把握
- 楽器から出た音の鳴り方の違いがわかる。
【環境の把握（1）】

5 身体の動き

6 コミュニケーション

楽器から出た音の鳴り方の違いを理解できる強みを生かすことにしたよ。

発達検査等を

STEP3　できた喜びを感じるしかけを考える

できた喜びを感じるしかけ

- 体感覚優位で実際に用具を動かすと理解しやすい。

● たたく面で音色が変わる自作の打楽器を用意する。

実践事例　様々な音を鳴らせた喜びを感じた照希さん

自作の打楽器の正面をたたき，ドーンという音を聞いた照希さんは，次に側面をたたきました。キンという音を聞いた照希さんは，笑顔で「できた。」と言った後，様々な面をたたきました。

単元後のある日，遊戯室に置かれた和太鼓の正面に立った照希さんは，両手にばちを持つと，打面と側面を交互に何度もたたき，笑顔になりました。

できた喜びを感じるしかけ 2

コース上での児童とのおにごっこ

> **ねらい**
> ★ 平均台の上を速く歩くことができた喜びを感じることができる。
> （体育）

| STEP1　日常で見せる子どもの姿をとらえる | STEP2　自立活動の視点・生かす |

こころさんの思い　→　「平均台の上を速く歩きたい」

- 教師と飲食店の店員と客になりきり，ごっこ遊びをすることができる。
- 配役を決めると，友達と一緒に自分の役を演じることができる。

- 遊具を使って遊ぶ友達の姿を見て，同じ使い方をして遊ぶことができる。
- 体操する友達の動画の動きに合わせて手足を動かすことができる。

- 1　健康の保持
- 2　心理的な安定

3　人間関係の形成

- 教師に自らかかわろうとする。
【人間関係の形成（1）】

4　環境の把握

- 教師や友達の活動する様子を見てまねをすることができる。
【環境の把握（4）】

- 5　身体の動き
- 6　コミュニケーション

教師や友達と一緒に活動することを好む強みを生かすことにしたよ。

発達検査等を

STEP3　できた喜びを感じるしかけを考える

できた喜びを感じるしかけ

- 視覚情報があると，活動を理解しやすい。

● 平均台を歩くこころさんをいたずらサメを演じる教師が追いかける活動を取り入れる。

実践事例　平均台の上を速く歩くことができた喜びを感じたこころさん

　いたずらサメを見つけた友達が「いたずらさめからにげよう。」と言うのを聞いたこころさんは，友達のすぐ後ろで平均台を進行方向に体を向けて速く歩いて，次の島まで渡りました。いたずらサメから逃げ切ると，一緒に逃げた友達と自らハイタッチをしました。
　単元後の遠足で，鬼ごっこをして遊んだこころさんは，平均台の上を進行方向に体を向けて速く歩いて鬼役の友達から逃げ切ると笑顔になりました。

できた喜びを感じるしかけ3

的がすべて倒れると光る看板

ねらい

★ すべて倒せた喜びを感じることができる。（体育）

STEP1　日常で見せる子どもの姿をとらえる	STEP2　自立活動の視点・生かす

一護さんの思い　→　「的をすべて倒したい」

- 衝撃を加えると光るボールを選んで投げる。
- 自らボタンを操作してLED電気の色を変化させて遊ぶ。

- すべての枠の中をクレヨンで塗り終えたのを見て、片付けに入ることができる。
- 魚釣りゲームで、池に置かれた魚がなくなったのを見て、自席に戻ることができる。

1 健康の保持

2 心理的な安定
- 好きなものがあると、楽しく活動をすることができる。
【心理的な安定（1）】

3 人間関係の形成

4 環境の把握
- 視覚的な手がかりをもとに、活動の終わりを理解することができる。
【環境の把握（5）】

5 身体の動き

6 コミュニケーション

> 状況を見て終わりがわかったり、光るものを好んだりする強みを生かすことにしたよ。

STEP3　できた喜びを感じるしかけ

できた喜びを感じるしかけ

● 的がすべて倒れたときに光る鬼の看板を用意する。

- 視覚情報の処理を得意とする。

実践事例

すべて倒せた喜びを感じた一護さん

　一護さんは、最後の的の正面に移動してボールを投げました。ボールが最後の的に当たって的がすべて倒れ、的の下にある鬼の看板が光るのを見た一護さんは、光る看板を触り、笑顔になりました。
　単元後のふようタイムで、友達と的当てゲームで遊んだ一護さんは、様々な位置にある的を見て、ねらう的の正面に移動してボールを投げました。

できた喜びを感じるしかけ 4

載せたものが自動で回転した後に音が鳴る台

> **ねらい**
> ★ 出来栄えよく作ることができた喜びを感じることができる。
> （職業・家庭）

STEP1　日常で見せる子どもの姿をとらえる	STEP2　自立活動の視点・生かす

航矢さんの思い　→　「出来栄えよく作りたい」

- 好きな音が鳴るベルを繰り返し鳴らし，笑顔になる。
- 問題に正解し「ピンポン。」という音を聞くと，繰り返し笑顔で問題に取り組むことができる。

- 上下左右に揺れるけん玉の玉を目で追うことができる。
- シャボン玉が割れるまで目で追い続けることができる。

1　健康の保持

2　心理的な安定
- 好きなものや好きなことがあると，笑顔で授業に参加することができる。
【心理的な安定（1）】

3　人間関係の形成

4　環境の把握
- 具体物の動きを注視することができる。
【環境の把握（1）】

5　身体の動き

6　コミュニケーション

72

動きのあるものを最後まで注視できる強みを生かすことにしたよ。

発達検査等を

STEP3　できた喜びを感じるしかけを考える

できた喜びを感じるしかけ

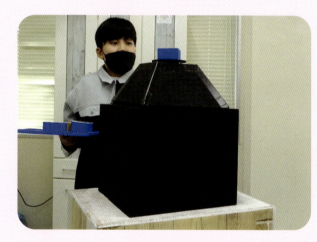

- 視覚情報の処理を得意とする。

● 載せた製品が1周した後、航矢さんの好きな音が流れる回転台を用意する。

実践事例　出来栄えよく作ることができた喜びを感じた航矢さん

　すべての接着面からはみ出た接着剤を拭き取った航矢さんは、製品を回転台に載せました。回転する製品の側面をじっと見つめ、台が1周して製品のすべての側面を見終えたとき、音が鳴ったのを聞いて笑顔になりました。そして、台上の製品を完成棚へ置きました。
　単元後のある日の給食の時間、汁物の器の縁にスープがこぼれて汚れているのを見た航矢さんは、ティッシュを器の縁に当てて器を回して1周させ、すべての縁を拭きました。

できた喜びを感じるしかけ 5

好きなものが中から浮き上がる引き出し

> **ねらい**
> ★ 好きなものを取り出せた喜びを感じることができる。
> （自立活動）

STEP1 日常で見せる子どもの姿をとらえる	STEP2 自立活動の視点・生かす

姫奈さんの思い → 「好きなものを手に取りたい」

- ねじを容器に入れてすぐに，教師が拍手すると，続けて入れることができる。
- 打楽器をたたいたとき，教師が拍手すると，繰り返したたくことができる。

- 風船やペープサートなど，動きのあるものを目で追うことができる。
- 教師や友達が歩いて近づくと，相手に顔を向けることができる。

1 健康の保持

2 心理的な安定
- 1つの動作を終えたとき，教師に認められると，次の活動に取り組もうとする。
【心理的な安定（3）】

3 人間関係の形成

4 環境の把握
- 動いている具体物や人を見て，注視することができる。
【環境の把握（1）】

5 身体の動き

6 コミュニケーション

即時に認められると成果を理解しやすい強みを生かすことにしたよ。

STEP3　できた喜びを感じるしかけを考える

できた喜びを感じるしかけ

- 即時に認められると，次の行動に移りやすい。

- 視覚情報があると，成果を理解しやすい。

● 引き出しを大きく開けると姫奈さんの好きなものが浮き上がり，同時に教師が拍手する。

実践事例　好きなものを取り出せた喜びを感じることができた姫奈さん

　　肘を体側よりも後ろに引いて引き出しを大きく開けた姫奈さんは，中から浮き上がったボールを見ました。そして，ボールが浮き上がると同時に拍手をしていた教師を見て「あ。」と声を出し，ボールを手に取って笑顔になりました。
　　単元後のある日，教室にあるタブレットの入った引き出しに向かった姫奈さんは，肘を体側よりも後ろに引いて引き出しを大きく開け，タブレットに触れました。

75

できた喜びを感じるしかけ 6

出来栄えが視覚的にわかる枠

ねらい

★ 正確に仕上げられた喜びを感じることができる。（作業学習）

STEP1 日常で見せる子どもの姿をとらえる	STEP2 自立活動の視点・生かす

真広さんの思い → 「正確に仕上げたい」

- 折り紙の角をぴったりとそろえて，三角に折ることができる。
- 休み時間に落ち着いてパズルをして遊ぶことができる。

- マグネットの位置を見て，活動の終わりがわかる。
- 塗り絵の見本を見て，見本通り色を塗ることができる。

1 健康の保持

2 心理的な安定
- ぴったり合わせたり，そろえたりすることを好む。
【心理的な安定（1）】

3 人間関係の形成

4 環境の把握
- 視覚的な手がかりをもとに，ものごとを理解できる。
【環境の把握（2）】

5 身体の動き

6 コミュニケーション

> ぴったりそろえることを好む強みを生かすことにしたよ。

STEP3　できた喜びを感じるしかけ

できた喜びを感じるしかけ

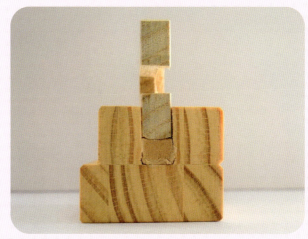

● 見本通りの曲面に仕上げたときだけ部品がぴったりとはまる枠を用意する。

- 視覚情報があると，成果を理解しやすい。

実践事例　正確に仕上げられた喜びを感じた真広さん

　寸法線が引かれていない面も見て部品を削った真広さんは，削った部品を枠にはめました。枠の断面の高さに目線を合わせ，枠と部品の隙間をじっと見て，「よし，ぴったりはまった。」と言って笑顔になりました。
　単元後のある日，ペーパークラフトに取り組んでいた真広さんは，様々な方向から折った紙を見て，台紙に一度ではめました。

77

できた喜びを感じるしかけ 7

活動を終えるごとにシールを剥がして完成させるパネル

ねらい

★ 早く完成させられた喜びを感じることができる。（数学）

STEP1　日常で見せる子どもの姿をとらえる	STEP2　自立活動の視点・生かす

真哉さんの思い　→　「早く完成させたい」

- 好きなキャラクターの入ったプリントを見て、自ら取り組むことができる。
- 好きなキャラクターがかかれた本を、何度も開くことができる。

- パズルのピースと見本を見比べて、ピースの位置を特定することができる。
- キャラクターが複数かかれたポスターから、教師が尋ねたキャラクターを指差すことができる。

1 健康の保持

2 心理的な安定
- 好きなものがあると、最後まで活動に取り組むことができる。
【心理的な安定（1）】

3 人間関係の形成

4 環境の把握
- イラストを手がかりにして行動することができる。
【環境の把握（5）】

5 身体の動き

6 コミュニケーション

好きなものを学習活動に取り入れれば最後まで活動できる強みを生かすことにしたよ。

発達検査等を

STEP3　できた喜びを感じるしかけを考える

できた喜びを感じるしかけ

- 視覚情報があると、行動に移しやすい。

- 同時処理を得意とする。

● 本時の目標の数だけ貼られたシールを袋詰めが完成するごとに剥がし、剥がすと真哉さんの好きなイラストの一部が表れるパネルを用意する。

実践事例　早く完成させられた喜びを感じた真哉さん

教師が「今日の目標はこれです。」と言って提示した、12枚のシールが貼られたパネルを見た真哉さんは、「12作ります。」と言って、袋に手を伸ばした。10のまとまりを使ってビー玉を袋に入れた後、シールを1枚剥がし、出てきたイラストの一部を見て「目。次。」と言って、次の袋を持ちました。活動を進め、最後の一袋に詰め終えると、笑顔で「12。」と言いました。その後、[⑫]と書かれたシールを剥がし、好きなイラストを見ました。

単元後に行った作業学習で、10のまとまりを使って、決められた数のユズを袋に詰めました。

できた喜びを感じるしかけ 8

出来栄えを自分で確かめられるツール

ねらい

★ まっすぐ縫えた喜びを感じることができる。（作業学習）

STEP1　日常で見せる子どもの姿をとらえる	STEP2　自立活動の視点・生かす

拓司さんの思い　→　「まっすぐ縫いたい」

- 三角形の色板を組み合わせて，見本と同じ形をつくることができる。
- シルエットクイズで，複数の異なる形のものの中から正解を見つけることができる。

- 確認のマグネットを動かして，手順通りに清掃活動に取り組むことができる。
- 視写する部分の枠を移動させて，正しく書き写すことができる。

1　健康の保持

2　心理的な安定

3　人間関係の形成

4　環境の把握

- 見本と比べて，同じ所を見つけることができる。
  【環境の把握（4）】
- 具体物の操作や視覚的な手がかりをもとに，活動の内容や達成状況を理解することができる。
  【環境の把握（2）】

5　身体の動き

6　コミュニケーション

自分で操作して出来栄えを確認できる強みを生かすことにしたよ。

STEP3　できた喜びを感じるしかけを考える

できた喜びを感じるしかけ

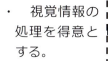

・視覚情報の処理を得意とする。

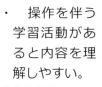

・操作を伴う学習活動があると内容を理解しやすい。

● 布に重ねて置くと，縫い目の重なり具合が見てわかるクリアシートを用意する。

実践事例　まっすぐ縫えた喜びを感じた拓司さん

　サコッシュの布の厚みによってミシンの速度を変えて，表布と裏布をまっすぐ縫い合わせた拓司さんは，縫い終えた製品を布と同じ大きさのクリアシートに布の上辺を合わせて挟みました。クリアシートにかかれた線と布の縫い目の重なりを見た拓司さんは，「ぴったりです。」と言って笑顔になりました。
　単元後半のサイズの小さなサコッシュ作りでも，布の厚みによって速度を変えて，表布と裏布をまっすぐ縫い合わせました。

81

コラム　ちょっと一息　附特のそよ風

<学芸会>

　毎年2月に，一人一人が輝く場を大切にした学芸会を行っています。各学級が工夫を凝らした劇を発表します。子どもたちは，劇中のせりふや演技の中で，その1年間でできるようになったことを発表します。劇中のその子の見せ場では，客席の保護者や子どもたちから大きな拍手が沸き起こります。

【役になりきって演じる】

　また，小学部，中学部，高等部それぞれの卒業学年の子どもたちは，劇の最後に保護者への感謝のメッセージを伝えます。
　互いの成長を認め合い，協力し合ってつくる学芸会は，子どもたちにとって楽しみな行事となっています。

<お楽しみ会>

　大学との共同学習の一環として，愛知教育大学ダンス部の学生と「お楽しみ会」を毎年実施しています。この会では，本校の子どもたちが学生の演技を見ることや，みんなで一緒にダンスをすることを通して，体で表現する面白さを感じること，そして，友達と体を動かすことの楽しさを感じることを目的としています。

【大学生と一緒にダンスを楽しむ】

　会の前半では，大学生が音楽に合わせて，全身を使って踊る演技を鑑賞します。後半は，大学生や全校の友達と一緒に，曲に合わせて体をほぐしたり，踊ったりします。
　大学生や友達と一緒にダンスを楽しむ子どもたちの表情には，たくさんの笑顔が見られます。

第4章
自ら動き出す子ども

【家でも自ら衣服をたたむようになった英志郎さん】

　各教科等の単元において資質・能力を身につける中で、4つのアプローチによる成功経験や、人のために活動することのよさを感じる成功経験を積み重ねた英志郎さんは、自分への自信を増し、自分ができるようになったことを生かそうと自ら動き出しました。

自ら友達を誘って遊ぶようになった照希さん

　休み時間，照希さんは，友達の手を握ってジャングルジムを指差し，一緒に走って移動しました。照希さんがジャングルジムの頂上を指差してから走る構えをすると，友達が「きょうそうするんだね。ようい，どん。」と言いました。頂上に先に着いた照希さんを見た友達が「てるきくん，はやい。」と言うと，照希さんは，にっこりしました。
　地面に降りた照希さんは，友達の近くに行き，鉄棒を指差しました。友達が「てつぼう，やる。」と言うと，照希さんはうなずき，一緒に手をつないで走り出しました。

[体育科]　　　　　　[音楽科]　　　　　　[自立活動の時間]

　各教科等の単元において資質・能力を身につける中で，４つのアプローチによる成功経験や，友達と一緒に活動する楽しさを感じる成功経験を積み重ねた照希さんは，休み時間になると友達を誘い，一緒に遊ぶようになりました。

自ら人のために活動に取り組むようになったわかばさん

　現場実習先の職員の方が作った箱の見本を見たわかばさんは，箱の折り目のすべてをていねいに折り，緩衝材を中に入れ始めました。そして，箱の中で指先を広げ，手首を回転させるように回し，短冊の緩衝材を渦巻き状の形に整えることができました。わかばさんの様子を見ていた教師が「ていねいに箱の折り目を付けていましたね。それから，緩衝材の形を整えていたのがよかったですね。」と声をかけると，わかばさんは，「箱も見本通りにきちんと折りました。あと，買ってくれた人が，きれいって思ってくれるようにやりました。」と答え，笑顔になりました。

[ふようタイム（生単）]　　[保健体育科]　　　　　　[作業学習]

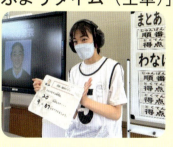  

　各教科等の単元において資質・能力を身につける中で，4つのアプローチによる成功経験や，人のために活動することのよさを感じる成功経験を積み重ねたわかばさんは，現場実習先の仕事で，商品を購入する人のために，よりていねいに仕上げようとする姿が見られました。

コラム　ちょっと一息　附特のそよ風

＜なかよしタイム＞

　小学部，中学部，高等部の児童・生徒を7～8人の班に分け，交流する時間を月に1回程度設けています。この異学部交流の時間を「なかよしタイム」と呼び，みんなで一緒に簡単なレクリエーションや行事に取り組んでいます。この活動を通して，先輩として頼られる経験や，後輩として優しく教えられる経験など，普段の教室とは違ったかかわりの経験を積む機会となっています。

【先輩と一緒に遊びを楽しむ】

　運動会における全校リレーや玉入れなどの競技を行うときにも，このなかよし班を生かしています。なかよしタイムでは，温かな雰囲気の中で，子どもたちのたくさんの笑顔が見られています。

＜外食学習＞

　定期的に学校周辺の飲食店で昼食を食べる「外食学習」を行っています。この学習を通して，子どもたちは，日ごろお世話になっている地域の方との交流を深めています。また，バスの乗り方や，歩道の歩き方といった交通安全の学習を生かす機会にもなっています。注文や支払いの方法についても，事前に練習をしてからお店に向かいます。席に着

【メニュー表を見て注文をする】

いた子どもたちは，自分が練習をした伝え方で店員さんに注文をします。友達や教師以外の人と話す経験や，学校とは違う公共の空間で過ごす経験からマナーを学ぶ機会にもなっています。

コラム　ちょっと一息　附特のそよ風

＜健康観察＞

　自分自身の体の不調に気づきにくかったり，うまく伝えられなかったりする子どもたち。教師は，子どもたちと直接触れ合い，その日の子どもの様子を観察します。子どもたちのわずかな変化を見逃さないように，表情や姿勢，行動，声の大きさといった観点や，保護者から聞いた家庭での様子などから，子どもたちの毎日の健康状態をとらえるように努めています。

【健康観察を通した生徒同士のかかわり】

　各学級の朝の会で行う健康観察は，子どもの実態や発達段階に合わせて様々な方法で実施しています。ある学級では，健康観察係の生徒が，音声の出るボタンと小さなホワイトボードを持ち，友達一人一人の近くへ行って尋ねます。友達の顔を見てボタンを押すと，「元気ですか。」という音声が流れ，友達は握手で答えます。次に，ホワイトボードに書かれた［がんばろう］の５文字を指差して１文字ずつ発声して伝えると，友達も「がんばろう。」と答え，笑顔になります。

　このように，健康観察は，教師が子どもたちの健康状態をとらえることに加え，子どもたち同士の大切なかかわりの場にもなっています。

＜放課後・寄り道プロジェクト＞

　同世代の友達同士だけで出かけて遊ぶ経験として，高等部の生徒が，授業でスクールソーシャルワーカーと一緒に「休日にやりたいこと」を考えます。映画館や遊園地，カフェに行きたいといった思いを実現するために，夏休みの出校日の帰りに，「寄り道」をする計画を立てます。グループに分かれて，行きたい店がどこにあるか，行き方や必要な金額等を調べます。

【自分で選んで買ったスイーツを食べる】

　当日は，ボランティアの大学生が付き添ってライブ配信を行い，保護者や教師は自宅や学校で見守ります。困ったことがあるときは，生徒から大学生に相談します。バスに乗ったり，歩いたりして目的地に着いた生徒たちは，その場で好きな飲み物やスイーツ，アイスを選んで買い，友達と一緒に食べます。「好きなものを自分で選んで買ったことがなかったのでうれしかった。今度は，ラーメンをみんなで食べに行きたい。」といった生徒の感想が聞かれ，学校の中ではできない経験を積む機会となっています。

あ と が き

「いつもありがとうございます。附特に来て，毎日笑顔で楽しく学校に通えるようになりました。」

「えっ，中学校のときは違ったんですか。」

「そうなんです。当時は表情も暗く，学校に行きたくないということも結構あったんです。でも，最近は，授業でしたことやできるようになったこと，友達のことなど，学校の様子をよく話してくれます。家でもよくお手伝いをしてくれるようにもなりました。いろいろなことに前向きになったんですよ。」

　これは，ある日の保護者との会話です。学校では，いつも笑顔で元気にあいさつをしたり，自分から手を挙げて発言したり，小学部や中学部の友達の面倒を見たりするなど，意欲的に活動する姿をよく目にしていただけにとても驚きました。

　特別支援学校学習指導要領解説各教科等編（小学部・中学部）には，知的障害のある児童生徒の学習上の特性として，「学習によって得た知識や技能が断片的になりやすく，実際の生活の場面の中で生かすことが難しいこと」や「成功経験が少ないことなどにより，主体的に活動に取り組む意欲が十分に育っていないこと」が挙げられています。Aさんもこのような状態だったのかもしれません。

　「学びを生活に生かす子どもの姿を求めて」を主題に掲げた本研究では，子どもたちの日々の様子をつぶさに見つめ，自立活動の視点や発達検査等の結果を生かして，その子の強みとなる実態を整理しました。そして，各教科等の授業において，「学習を支える手だて」，「育てたい資質・能力に迫る手だて」，「学んだことをつなぐ評価」，「できた喜びを感じるしかけ」の個別最適な4つのアプローチを講じることで，子どもたちが何を学んでいるのか，どんなことができるようになったのか，できた喜び等を自ら感じるとともに，授業を通してたくさんの成功経験を積み，学んだことを生活に生かすことができるように研究を進めてきました。Aさんが学びを生かしいろいろなことに前向きに取り組み，いつも笑顔で生活するようになったのは，各教科等の授業を通して成功経験を積み重ねたことで，Aさんのウェルビーイングが向上した結果ではないでしょうか。

　本校では創立以来，「ひとりひとりを生かすために」という教育理念の基に，子どもたち一人一人がその可能性を十分に発揮し，豊かな生活を送ることができることを願って教育活動に取り組んでいます。本書が特別な支援を必要とする子どもたちが豊かな生活を送るようになってほしいと願う多くの方々のお役に立てればと願っています。

令和6年11月
愛知教育大学附属特別支援学校
教　頭　　川　合　陽　介

［研究同人］

校　　長　　村井　正照
教　　頭　　川合　陽介
主幹教諭　　朝倉　大
教　　諭　　綾部　智也　　稲吉　一志　　岩佐　知彦
　　　　　　岩瀬　大星　　植野　可奈子　鵜飼　聡
　　　　　　岡崎　洋平　　岡村　淳志　　奥田　勇輝
　　　　　　加藤　雅也　　神谷　貴俊　　倉田　舞
　　　　　　後藤　裕考　　近藤　織江　　才賀　寛樹
　　　　　　齋藤　聡　　　髙木　聡子　　滝澤　心也
　　　　　　田尻　智久　　内藤　雄太　　中野　正康
　　　　　　林　麻梨子　　星野　恭彦　　藪田　ちひろ
　　　　　　山本　純一　　和田　聖依子

（前校長）　川原　三佳　　鈴木　則明
（前教頭）　石原　伸一　　小島　千典　　富安　洋介
（前教諭）　青木　将司　　安藤　拓磨　　市川　和世
　　　　　　今泉　真則　　太田　有香　　小笠原　一高
　　　　　　岡田　裕之　　小田　智之　　加藤　雅尚
　　　　　　亀山　健二　　北川　瑠菜　　北林　佑哲
　　　　　　小出　実奈　　好田　元希　　児嶋　英紀
　　　　　　小山　岳彦　　柴田　和哉　　白井　圭昭
　　　　　　鈴木　哲也　　鈴木　祥之　　竹内　大佑
　　　　　　田中　千晶　　田半　佑依子　中島　大輔
　　　　　　新美　奈緒子　柳野　翔子　　福岡　大乃
　　　　　　前田　健太志　　　　　　　　福山　大也
　　　　　　横田　剛志

【監修者】

小倉　靖範

1974 年北海道生まれ。愛知教育大学特別支援教育講座准教授 兼任 愛知教育大学インクルーシブ教育推進センター長。北海道教育大学大学院（教育学）・筑波大学大学院（特別支援教育学）修了。北海道公立特別支援学校・筑波大学附属久里浜特別支援学校を経て現職。主な論文に，「自立活動との関連を明確にした教科指導−認知特性に焦点をあてた国語科の授業づくり−」（肢体不自由教育，197 号，28-33, 2010：平成23 年度金賞受賞）など。

【編著者】

愛知教育大学附属特別支援学校

愛知県岡崎市六供町八貫 15 番地(〒444−0072)
TEL (0564) 21−7300㈹　　FAX (0564) 22−8723
E-mail　　fuyou@m.auecc.aichi-edu.ac.jp
ＵＲＬ　　https://www.fuyou.aichi-edu.ac.jp

[主な著書]

ぼくひとりでできるよ(1969)	明治図書
学習意欲と能力差(1970)	明治図書
言語表現と体力の指導(1973)	明治図書
感覚をたいせつにする授業(1977)	明治図書
学習の動機づけ(1981)	明治図書
発達課題の指導(1984)	明治図書
特性を生かす授業(1987)	明治図書
授業を創る(1990)	明治図書
学び続ける授業(1994)	明治図書
みずから動きだす子ども(1997)	明治図書
「思い」を育む子どもたち(2001)	明治図書
生活をひろげる子(2005)	明治図書
ともに拓く特別支援教育(2007)	愛知教育大学出版会
支援をつなぐ特別支援教育(2008)	愛知教育大学出版会
「この子らしさ」を発揮する子ども(2009)	明治図書
これでわかる特別支援教育(2009)	愛知教育大学出版会
特別支援教育に役立つあそびの工夫(2010)	愛知教育大学出版会
こどもたちのよさをとらえた特別支援教育(2011)	愛知教育大学出版会
この子らしさを活かす支援ツール(2012)	ジアース教育新社
この子らしさを活かす支援ツール２(2013)	ジアース教育新社
ともに学ぶ楽しさを感じる子(2014)	明治図書
夢中になる子どもたち(2019)	明治図書
この子らしさを活かす支援ツール３(2023)	ジアース教育新社

障害児教育双書

学びを生活に生かす子どもの姿を求めて
－自立活動の視点を生かした4つのアプローチ－

2024 年 11 月 8 日　第 1 版第 1 刷発行

監　修　　小倉　靖範
編　著　　愛知教育大学附属特別支援学校
発行者　　加藤　勝博
発行所　　株式会社ジアース教育新社
　　　　　〒101-0054　東京都千代田区神田錦町 1 -23　宗保第 2 ビル 5 F
　　　　　Tel.03-5282-7183　　Fax.03-5282-7892
　　　　　E-mail : info@kyoikushinsha.co.jp
　　　　　URL : https://www.kyoikushinsha.co.jp

表紙デザイン・DTP　　株式会社彩流工房
印刷・製本　　シナノ印刷株式会社

○定価は表紙に表示してあります。
○乱丁・落丁はお取り替えいたします。
○著作権法上での例外を除き，本書を無断で複写複製（コピー），転載することを禁じます。
Printed in Japan
ISBN978-4-86371-703-9